A LA MÉMOIRE DE MA SŒUR CONSTANCE.

A MON PÈRE, A MA MÈRE,

A MA GRAND'MÈRE,

HOMMAGE D'AMOUR ET DE RECONNAISSANCE.

A mes Sœurs, à mon Frère,

A tous ceux que j'aime.

THÈSE

Pour la Licence,

EN EXÉCUTION DE L'ART. 4, TIT. II DE LA LOI DU 22 VENTÔSE, AN XII.

SOUTENUE

par M. J.-J.-A.-Henry SERVILLE,

né à Cahors.

JUS ROMANUM.

DE HÆREDUM QUALITATE ET DIFFERENTIA.

Inst., lib. II, tit. 19. — Gaius, II, § 155 à 173. — Ulp. XXII, § 24 à 34. — Pand., lib. XXIX, t. 2. — C. L. VI, t. 30.

Divisio hæredum.

Tria sunt hæredum genera : necessarii hæredes, sui et necessarii hæredes, et extraneis hæredes.

De necessariis hæredibus.

Hæredes necessarii sunt testoris servi ab illo instituti. Sic vo-
cantur, quoniam sive velint, sive nolint, omnimodò post mortem
testatoris protinus liberi et necessarii hæredes fiunt.

Apud Romanos turpissimum erat testatoris bona à creditoribus
distrahi vel inter eos dividi; undè qui facultates suas suspectas
habebat, solebat servum primo aut secundo vel etiam ulteriore
gradu liberum et hæredum instituere, ut ignominia quœ acce-
dit ex venditione bonorum suorum, hunc potius hæredem servum, quàm ipsum contingeret.

Sed Romæ, primis temporibus, gravissimum erat hæredibus
necessariis onus impositum, ad totam enim testatoris liberatio-
nem, bona quidem post mortem ejus acquisita, adhibere debe-
bant. Illis autem succurrit Prœtor, separationis bonorum beneficium concedendo.

De suis et necessariis hœredibus.

Sui autem et necessarii hœredes sunt qui modò in potestate
et in primo gradu morientes fuerint. Suí hæredes ideò appel-
lantur, quia domestici hæredes sunt, et vivo quoque patre
quodammodò à domini existimantur. Necessarii verò ideò dicuntur, quia omnimodo, sive velint, sive nolint, tam ab intestato quàm ex testamento hæredes fiunt. Sed Prœtor eis beneficium
concedit. Permittit volentibus abstinere se ab hæreditate, ut potius parentis quàm ipsorum bona similiter à creditoribus pos-
sideantur. Hoc beneficium dicitur : beneficium abstentionis.

Non desinit hæres esse, qui se abstinet ab hœreditate, sed
solùm hœredis nomen habet. Sui hæredes sese hæreditati im-
miscere possunt; at ubi sese immiscuerint, non jàm se abstinere
possunt, et omnis illos creditor persequi potest.

De heredibus extraneis.

Extranei hæredes sunt omnes alii qui testatoris juri non subjiciuntur, veluti liberi nostri qui in potestate nostra non sunt, hæredes à nobis instituti, quales sunt liberi à matre hæredes instituti, quia matres in potestate liberos non habent; quales sunt etiam servi, hæredes à domino instituti, et post testamentum factum ab eo manumissi.

Ut aliquishæredem extraneum instituere possit, necessarum est ut cum eo testator habeat testamenti factionem. Id tribus temporibus inspicitur : testamenti facti, ut constiterit institutio, mortis testatoris , ut effectum habeat ; et aditionis hæreditatis. Medio autem tempore; mutatio juris non nocet. Nec ille solus qui testamentum facere potest , testamenti factionem habet : sed etiam qui ex alieno testamento vel ipse capere potest, vel alii adquirere, licet non possit facere testamentum. Ideò furiosi, et muti, et posthumi , et infantes, et filiifamilias, et servi alieni, testamenti factionem habere dicuntur.

Hæredes extranei de adeunda hœreditate vel non adeundà deliberandi potestatem habent. Sed sive is cui abstinendi potestas est, immiscuerit se bonis hæreditatis; sive extraneus cui de adeundâ hæreditate deliberare licet, adierit, postea relinquendæ hæredita-tis facultatem non habet. Prætor minoribus viginti quinque annis succurrit, si temerè damnosam hæreditatem susceperint. Divus Adrianus speciale beneficium majori viginti quinque annis dedit, cùm post aditam hæreditatem grande æs alienum, quod aditæ hæreditatis tempore latebat, emersisset. Posteà divus Gordianus ad milites tantummodò hoc beneficium extendit. Sed Justinianus æquissimà constitutione præstitit omnibus subjectis imperio suo Adriani et Gordiani beneficium. Permissum est cunctis adire hæreditatem, at tamen illud tantùm teneri, quod valerent bona hæreditatis. Hoc beneficium dicitur : inventarii beneficium Incipi inventarum debebat intra triginta dies ex quibus hæres sua jura cognoverat, et finiri inter alias sexaginta dies; aut, si bona nimis longinqua essent, intra annum ex quo sese institutum hæres agnovisset. Perfecto inventario, nullum debitum ultrà vires successionis hæredi incumbebat ; non commiscebantur illius et defuncti jura.

De Cretione.

Extraneus hæres testamento institutus , aut ab intestato ad legitimam hæreditatem vocatus, potest aut pro hærede gerendo , aut etiam nuda voluntate suscipiendæ hæreditatis, hæres fieri. Pro hærede gerere, est pro domino gerere. Veteres enim hœredes pro dominis appellabant. Antè Justinianum cretione instituebantur hæredes extranei. Cretio est finis deliberandi, ut intrà certum tempus vel adeant hæreditatem, vel si non adeant, temporis fine summoveantur. Cretio sic appellata est quia cernere est quasi decernere et constituere. Testator post hæc verba : hæres Titus esto, adjicere debebat : cernitoque in diebus centum proximis quibus scies potensque; quodni ita crevenis, exhæres esto. Hæres ità institutus, si velit esse hæres, debebit intrà diem cretionis cernere et dicere hæc verba : quod me Publius Titius testamento suo hæredem instituit, eam hæreditatem adeo cernoque. Sine cretione hæres institutus potest aut cernendo, aut pro hærede gerendo, vel etiam nudà voluntate suscipiendæ hæreditatis, hæres fieri. Liber est adire hæreditatem quocumque tempore voluerit.

Cretio, vulgaris aut continua vocatur. Cretio vulgaris talis est hæres Titius esto, cernitoque in centum diebus proximis quibus scies poterisque; quodni ita crevenis exhæres esto. Continua autem , quæ in minori usu est, quia duvior, illa est in quà hæc verba : quibus scies poterisque non adjiciuntur.

CODE NAPOLÉON.

DU MARIAGE·

Titre V (180 à 228).

CHAPITRE IV.

Des demandes en nullité de mariage.

Le mariage est le contrat solennel par lequel deux personnes de sexe différent se promettent mutuellement la fidélité dans l'amour, la communion dans le bonheur, l'assistance dans le malheur. Un tel contrat qui est . pour ainsi dire, le pivot sur lequel roule l'économie sociale , doit reposer sur des bases iné-branlables , aussi le législateur a-t-il voulu nous indiquer quels étaient les vices qui pouvaient entrainer la nullité du mariage, c'est ce qu'il a fait dans le chapitre IV du titre V de notre Code.

Avant de pénétrer plus au loin dans la matière, il faut d'abord bien distinguer ce qu'on entend par acte nul et par acte simple-ment annulable.

On entend par acte nul , un acte qui n'a aucune existence ,

ainsi le mariage contracté par un fou est un mariage nul, il en est de même du mariage contracté par deux personnes du même sexe, il est bien certain que dans ces deux cas le mariage ne peut jamais exister.

L'acte annulable, au contraire, est celui qui a une existence réelle, mais qui se trouve entâché d'un vice pour lequel la loi permet de le faire annuler, ainsi, par exemple, si un jeune homme qui n'a pas atteint encore l'âge de 24 ans se marie sans demander le consentement à ses parents, dans ce cas le mariage sera simplement annulable.

Je divise les nullités, en nullités absolues et perpétuelles, et en nullités relatives et temporaires ; les nullités absolues et perpétuelles sont celles qui concernent les actes nuls ou inexistants; les nullités relatives et temporaires concernent les actes annulables.

Les nullités absolues sont toutes d'ordre public. aussi peut-on les invoquer en tout temps et par toute personne intéressée. Plusieurs causes peuvent faire naître ces nullités, j'en citerai seulement quelques-unes ; ainsi comme je l'ai déjà dit, l'identité de sexe, le défaut absolu de consentement, sont des causes qui entrainent des nullités absolues. Il en est de même de la bigamie, de la parenté ou alliance à un degré prohibé, de l'incompétence de l'officier de l'état civil, et du défaut de publicité du mariage.

Toute personne a qualité pour faire prononcer la nullité d'un mariage nul ou inexistant, mais encore faut-il avoir un intérêt né et actuel à ce que l'on déclare le mariage nul. Ont un intérêt né et actuel à la nullité du mariage : 1° les époux eux-mêmes ; 2° l'époux dont le conjoint a contracté un second mariage ; 3° les ascendants ; 4° sous une certrine condition, les parents collatéraux et les enfants nés d'un autre mariage ; 5° le ministère public.

Les époux sont intéressés à sortir d'une union que la loi condamne ; la nullité du mariage peut même être demandée par l'époux qui a trompé l'autre , car l'intérêt de la société et de la morale devait en effet lui permettre de réparer la faute qu'il avait commise.

L'époux, dont le conjoint a contracté un second mariage, a grand intérêt à faire demander la nullité de son union , car son mariage ne sera valable qu'autant qu'on aura pu prouver que le premier était lui-même nul ou annulable.

Les ascendants les plus proches et, à leur défaut, les aïeuls et aïeules, peuvent demander la nullité d'un mariage auquel ils ont consenti. A ceux qui par leur consentement auraient favorisé le scandale ; la loi devait, en effet, leur donner un moyen de le réparer en demandant la nullité d'une union contraire aux lois et aux bonnes mœurs.

Les collatéraux et les enfants nés d'un autre mariage peuvent aussi demander la nullité du mariage, mais à la différence des ascendants qui ont, dès là que le mariage est formé, un intérêt né et actuel à en demander la nullité, les collatéraux et les enfants nés d'un autre mariage n'ont au contraire qu'un intérêt pécuniaire, qui naîtra postérieurement à la célébration du mariage , par exemple à la mort de l'un des conjoints ; dans ce cas ils pourront demander la nullité du mariage.

Le ministère public, lui aussi, comme représentant de la société, doit demander la nullité des mariages illégitimes. Mais ici il y a une distinction à faire ; quand il s'agira du défaut de publicité , comme, par exemple, dans l'article 191, le ministère public pourra demander la nullité , mais il en sera autrement dans le cas de l'article 190, la loi lui fait un devoir de demander la nullité, cet article est ainsi conçu : le procureur impérial dans tous les cas auxquels s'applique l'article 184 et sous les modifications portées en l'article 185 peut et doit demander la nullité du mariage du vivant des deux époux et les faire condamner à se séparer. Telles sont les principales causes de nullités absolues et les personnes qui peuvent les invoquer. Passons maintenant aux nullités relatives.

Il y a deux sortes de nullités relatives : 1° nullité provenant d'un vice de consentement de l'une ou de l'autre des parties ; 2° nullités résultant d'un défaut de consentement des père et mère, des ascendants ou de conseil de famille, dans les cas où ce consentement est nécessaire.

L'article 180 dit : le mariage qui a été contracté sans le consentement des deux époux ou de l'un d'eux ne peut-être attaqué que par les époux ou par celui des deux dont le consentement n'a pas été libre. Lorsqu'il y a eu erreur dans la personne, le mariage ne peut être attaqué que par celui des deux époux qui a été induit en erreur.

Il ne faut point confondre la rédaction de cet article avec celle de l'art. 146. L'art. 146 s'applique au mariage non-existant pour défaut de consentement ; l'art. 180, au contraire, est relatif au mariage annulable pour consentement vicieux, dans le premier paragraphe pour défaut de liberté, et dans le second pour erreur sur les qualités de la personne. Occupons-nous d'abord du premier § de notre article. Il y aura défaut de liberté, toutes les fois qu'il sera constant que l'époux n'avait pas son entière liberté et qu'il était entraîné par une influence que la raison désavoue.

Au reste, les tribunaux d'après les circonstances jugeront s'ils doivent ou non déclarer la nullité du mariage.

Le second § nous indique comme seconde cause de nullité du mariage, l'erreur dans la personne. Je crois qu'il faut entendre par ces mots « erreurs sur les qualités de la personne » non-seulement, les qualités physiques, mais encore les qualités civiles de la personne. Ainsi si j'épouse une femme qui physiquement n'est pas celle que j'aurais voulu épouser ; dans ce cas, il y a erreur sur les qualités physiques de la personne ; il y aura erreur sur les qualités civiles si, par exemple , une jeune personne croit épouser un homme ayant des sentiments religieux, et qui , au moment d'aller consacrer leur union devant le prêtre, s'y refuse ; je crois qu'alors il pourrait y avoir nullité du mariage. Au surplus, on comprend que les circonstances devront exercer une grande influence sur l'esprit des juges qui seront appelés à prononcer la nullité d'un mariage.

L'époux trompé ou non libre a seul le droit de faire annuler son mariage.

L'art. 184 nous dit : « Dans le cas de l'article précédent, la demande en nullité n'est plus recevable toutes les fois qu'il y a eu cohabitation continuée pendant six mois, depuis que l'époux a acquis sa pleine liberté ou que l'erreur a été par lui reconnue. » Il faut bien remarquer que la loi n'attache la non-recevabilité de l'action que lorsque la cohabitation est continuée pendant six mois. L'action serait non recevable si les époux n'ont pas cohabité ensemble pendant les six mois.

La seconde nullité relative est celle qui résulte du défaut de consentement des père et mère, des ascendants ou du conseil de famille, dans le cas où ce consentement était nécessaire. Ainsi cette nullité ne peut être proposée que par ceux dont le consentement était requis. Cette action ne peut plus être intentée toutes les fois que le mariage a été approuvé, soit par une notification expresse ou tacite, soit par le laps de temps. Quand le conjoint a atteint l'âge compétent pour consentir par lui-même au mariage, l'action en nullité ne peut plus être intentée.

Reste encore une autre espèce de nullité , celle qui résulte du défaut d'âge ou de l'impuberté. Nous donnerons à cette nullité le nom de nullité mixte , car elle est absolue en ce sens qu'elle peut être proposée par toute personne intéressée, et ensuite elle est temporaire, car elle peut être couverte 1° lorsqu'il s'est écoulé six mois depuis que l'époux ou les époux impubères ont atteint l'âge de puberté; 2° lorsque la femme qui n'avait point l'âge requis a conçu avant l'échéance des six mois.

Le code, après avoir énuméré les causes d'annulation du mariage, s'occupe ensuite des différents moyens de prouver la réalité de la célébration d'un mariage qu'on prétend ne pas avoir eu lieu. La loi reconnaît quatre modes de preuve, qui sont : 1° preuve par l'acte de célébration ; 2° preuve par les registres ou papiers domestiques et par témoins ; 3° preuve par l'arrêt ou le jugement de condamnation rendu au criminel contre l'officier de l'état civil ou toute autre personne reconnue coupable d'avoir falsi fié ou détruit la preuve ordinaire du mariage ; 4° preuve par la possession d'état d'enfants légitimes, non contredite par leur acte de naissance et jointe à la possession d'état d'époux de leurs père et mère décédés.

Revenons à chacune de ces preuves. L'art. 194 est ainsi conçu : nul ne peut réclamer le titre d'époux et les effets civils du mariage, s'il ne représente un acte de célébration inscrit sur le registre de l'état civil, sauf les cas prévus par l'art. 46, au titre des actes de l'état civil. La loi est formelle et exclusive, elle n'admet comme preuve que l'acte de célébration inscrit sur les registres. Mais à cette règle, il y a trois exceptions. La première est la preuve du mariage, tant par titres et papiers domestiques que par témoins. lorsqu'il n'a pas existé de registres, ou lorsqu'on rencontre des lacunes ou interruptions dans leur tenue, ou bien lorsqu'ils ont été perdus ou détruits en tout ou en partie.

La deuxième exception est la preuve du mariage par le jugement de condamnation rendu au criminel contre l'officier de l'état civil ou tout autre individu reconnu coupabble d'avoir détruit ou falsifié l'acte de célébration. En effet, si l'officier de l'état civil se rend coupable du crime de destruction ou falsification d'un acte de célébration de mariage, alors il est traduit devant les tribunaux et le jugement de condamnation est inscrit sur les registres de l'état civil. Ce jugement tient lieu de l'acte de célébration et doit être considéré comme la preuve du mariage. Telle est la théorie contenue en ces termes dans l'article 198 : Lorsque la preuve d'une célébration légale du mariage se trouve acquise par le résultat d'une procédure criminelle, l'inscription du jugement sur les registres de l'état civil assure au mariage, à compter du jour de sa célébration, tous les effets civils, tant à l'égard des époux qu'à l'égard des enfants issus de ce mariage.

La troisième exception est la preuve du mariage par la possession d'état d'enfants légitimes, non contredites par leur acte de naissance et jointe à la possession d'état d'époux de leurs père et mère décédés. L'article 197 est ainsi conçu : Si néanmoins, dans les cas des articles 194 et 195, il existe des enfants issus de deux individus qui ont vécu publiquement comme mari et femme et qui soient tous deux décédés, la légitimité des enfants ne peut être contestée sous le seul prétexte du défaut de représentation de l'acte de célébration, toutes les fois que cette légitimité est prouvée par une possession d'état qui n'est point contredite par l'acte de naissance.» Les enfants ne sont donc dispensés de la preuve ordinaire de la célébration du mariage que quand il leur sera impossible de se faire renseigner par leurs auteurs; ainsi à leur mort ils pourront invoquer cette preuve, et pour cela il faut quatre conditions : 1° que l'enfant soit dans l'impossibilité physique d'obtenir des renseignements d'aucun de ses deux auteurs; 2° qu'il jouisse de l'état d'enfant légitime; 3° que ses deux auteurs aient ou aient eu pendant leur vie, la possession d'état d'époux; 4° que sa possession d'état ne soit pas démentie par son acte de naissance.

Il nous reste maintenant à savoir quelles sont les pessonnes qui peuvent exercer les poursuites criminelles, contre quelles personnes elles sont exercées, et enfin devant quel tribunal elles sont portées.

Les articles 199 et 200 répondent à ces questions; ils disent : Si les époux ou l'un d'eux sont décédés sans avoir découvert la fraude, l'action criminelle peut être intentée par tous ceux qui ont intérêt de faire déclarer le mariage valable et par le procureur impérial (199). Si l'officier public est décédé lors de la découverte de la fraude, l'action sera dirigée au civil contre ses héritiers, par le procureur impérial, en présence des parties intéressées et sur leur dénonciation (200).

Ces deux articles sont rédigés d'une manière inexacte. Car si on s'attachait à la lettre de la loi, il faudrait conclure que personne, du vivant des deux époux, ne peut intenter l'action, quand les époux même ont négligé de le faire. Par ces mots : sans avoir découvert la fraude, il faut entendre sans avoir, après la découverte de la fraude, poursuivi le rétablissement de la preuve de leur mariage. Par action criminelle, je crois qu'on a voulu dire action civile. Elle est ainsi appelée criminelle, parce qu'à l'époque de la confection du Code Napoléon, toute action née d'un crime, l'action civile comme l'action publique, s'appelait action criminelle. Si on a dérogé aux principes du droit commun en permettant au ministère public d'exercer cette action, c'est à cause de la grande importance du mariage, qui peut toucher à tant d'intérêts divers.

Passons maintenant au cas où l'officier public est décédé, et par ces mots officier public, j'entends aussi, toute personne coupable du crime de falsification. On comprend que dans ce cas l'action devait être dirigée au civil contre les héritiers du coupable par le procureur impérial, en présence des parties intéressées et sur leur dénonciation, afin d'éviter toute action coupable entre le demandeur et le défendeur. Les héritiers n'ont en effet à redouter dans cette situation, qu'une condamnation pécuniaire.

Les deux derniers articles de notre chapitre s'occupe des mariages putatifs. On entend par mariage putatif , un mariage qui dans la réalité est nul, mais qui a été contracté de bonne foi par les deux époux ou par l'un d'eux. Quand le mariage nul a été contracté de bonne foi par les deux époux , il produit les effets civils, tant à l'égard des époux qu'à l'égard des enfants. Mais si la bonne foi n'existe que de la part de l'un des époux , le mariage ne produira alors les effets civils qu'en faveur de l'époux de bonne foi et des enfants issus du mariage.

CHAPITRE V.

Des obligations qui naissent du mariage.

Le Code , dans le chapitre V de notre titre , s'occupe des obligations qui naissent du mariage. Le mariage produit de nombreux effets ; la première obligation contractée par les époux , par le fait seul de leur union , est de nourrir , entretenir et élever leurs enfants. Les parents doivent donc non-seulement nourrir, vêtir et loger leurs enfants , mais encore leur donner une éducation convenable, afin qu'ils puissent plus tard pourvoir eux-mêmes à leur subsistance.

Cette obligation de nourrir, entretenir, et élever leurs enfants s'étend aussi aux enfants naturels , seulement la loi a voulu que ces obligations soient plus étendues à l'égard des enfants du mariage, qu'à l'égard des autres enfants ; car un fils légitime doit recevoir une éducation supérieure à celle d'un fils naturel,

Les enfants n'ont point d'action contre leurs père et mère pour obtenir d'eux soit un établissement par mariage , soit tout autre établissement , tel , par exemple , que l'achat d'un fonds de commerce ou d'un office. L'obligation de nourrir, entretenir et élever ses enfants est civilement obligatoire, c'est-à-dire protégée par une action, l'obligation de les établir est purement morale ou naturelle.

Les enfants doivent des aliments à leurs père et mère et autres ascendants, qui sont dans le besoin. C'est la réciprocité de l'art. 203. Si nourrir, entretenir et élever ses enfants selon sa fortune est un devoir pour les parents, de même pour les enfants, ils doivent pourvoir selon leurs moyens aux nécessités de la vie de ceux de qui ils tiennent le jour. Cette obligation s'étend aussi aux ascendants. Ainsi les ascendant sont droit aux mêmes aliments que les père et mère, et de leur côté, ils doivent nourrir entretenir et élever leurs petits-enfants ou arrières petits-enfants.

Par le mariage l'époux adopte en quelque sorte les père et mère de son conjoint, aussi l'article 206 nous dit-il : Les gendres et belles-filles doivent également et dans les mêmes circonstances des aliments à leurs beau-père et belle-mère, mais cette obligation cesse ; 1° lorsque la belle-mère a convolé en secondes noces ; 2° lorsque celui des époux qui produisait l'affinité et les enfants issus de son union avec l'autre époux sont décédés.

Pour avoir le droit de demander des aliments il n'est pas nécessaire d'être dans le dénûment le plus absolu, il suffit que le réclamant n'ait pas assez. Mais à qui la personne qui a besoin devra-t-elle s'adresser. Elle devra s'adresser : 1° à ses enfants si elle en a : 2° à défaut d'enfants ou si ceux qu'elle a sont impuissants à la secourir, à ses ascendants ; 3° à défaut d'ascendants, à ses alliés en ligne descendante, c'est-à-dire à ses gendres ou belles-filles ; 4° à défaut d'alliés en ligne descendante, à ses alliés en ligne ascendante, c'est-à-dire à ses beau-père et belle-mère.

L'article 208 pose en principe que les aliments ne seront accordés que dans la proportion du besoin de celui qui les réclame, et de la fortune de celui qui les doit. Ainsi pour que les aliments soient dus, il faut deux choses : 1° que celui qui les demande soit dans le besoin et dans l'impossibilité de pourvoir, soit par son travail, soit par son industrie, se procurer les aliments nécessaires? 2° que la personne à laquelle on les demande soit en état de les fournir.

Les aliments doivent se régler suivant la qualité, la position sociale, la fortune des personnes à qui on les demandera. Au surplus, cette appréciation est laissée à l'arbitrage des juges.

Il peut quelquefois arriver que le débiteur ou le créancier des aliments soit replacé dans un état tel que l'on ne puisse plus en donner, ou que l'autre n'en ait plus besoin en tout ou en partie, dans ce cas la décharge ou la réduction pourra être demandée. De même les aliments doivent être augmentés, si le besoin du créancier est plus grand, ou bien si la fortune du débiteur est devenue plus considérable.

En principe général, la dette alimentaire doit être acquittée en argent, au moyen d'une pension que le débiteur paie au créancier pour le mettre en état de pourvoir lui-même à ses besoins. Mais si le débiteur offre de recevoir chez lui le créancier au lieu de lui payer la pension, son offre sera-t-elle acceptée? Si l'offre est faite, par exemple, par un fils à son père, le père n'est tenu de l'accepter qu'autant qu'il lui sera prouvé que son fils est dans l'impossibilité de lui payer la pension. Si c'est au contraire le père ou la mère qui offre à son enfant de le recevoir chez lui, l'offre devra être acceptée sans avoir besoin d'examiner si le père ou la mère ne peut payer une pension alimentaire.

CHAPITRE VI.

Des droits et des devoirs des époux entre eux.

Les époux se doivent mutuellement fidélité, secours, assis-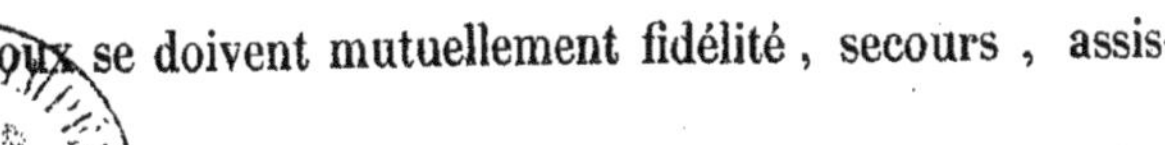tance.

3

Le devoir de fidélité existe pour les deux époux. Cependant la loi a été plus sévère pour la femme, car son infidélité est toujours punissable, parce qu'elle peut introduire dans la famille des enfants qui n'ont pas le mari pour père. L'adultère de la femme, en quelque lieu qu'elle l'ait commis, autorise son mari à demander la séparation de corps, tandis qu'il n'en est pas de même pour le mari.

La femme peut être condamnée à trois mois ou deux ans de prison, la peine du mari consistera seulement en une amende de 100 à 2,000 fr., et encore faut-il qu'il ait entretenu sa concubine dans la maison commune.

Les époux se doivent mutuellement secours. On doit entendre par ce mot secours, des secours pécuniaires. Ainsi, si l'un des époux est plus riche que l'autre, celui qui a une fortune considérable doit venir en aide à l'époux pauvre. Quant à l'assistance que se doivent les époux, elle consiste en soins pour cause de maladie, d'infirmité ou de malheurs.

Le mari doit protection à sa femme, la femme obéissance à son mari. Le mari est établi, par la nature même, le protecteur de sa femme, il est le chef de la société intime qui s'est formée entre eux. Du devoir d'obéissance naît pour la femme l'obligation d'habiter avec son mari, de le suivre partout où il juge à propos de résider; mais le mari, de son côté, est obligé de recevoir sa femme, de lui fournir tout ce qui est nécessaire pour les besoins de la vie selon ses facultés et son état. La femme doit même suivre son mari en pays étranger. Cependant le principe que la femme doit habiter avec son mari souffre quelques exceptions, ainsi elle n'est point tenue de suivre son mari dans sa vie errante, car la loi veut qu'elle habite là où son mari réside. Elle ne sera pas tenue d'habiter avec lui, s'il ne la reçoit pas dans un logement convenable et avec tous les égards dûs à sa condition.

Par le mariage, la femme devient incapable de faire certains actes. Ainsi , elle ne peut ester en justice , c'est-à-dire qu'elle ne peut se présenter devant un juge quelconque, soit comme demanderesse, soit comme défenderesse, sans l'autorisation de son mari auquel, comme nous l'avons déjà dit, elle doit obéir. En effet , la puissance maritale n'existerait plus, si la femme pouvait, à l'insu de son mari, se mettre en relation d'affaires avec autrui et disposer comme bon lui semblerait de sa fortune.

L'incapacité de la femme repose non-seulement sur l'obéissance qu'elle doit à son mari, mais encore sur sa faiblesse et son inexpérience.

La femme ne peut donner , c'est-à-dire procurer ou s'engager à procurer à quelqu'un un avantage pécuniaire, sans équivalent pécuniaire en retour. Elle ne peut aliéner ni à titre gratuit , ni à titre onéreux. Aliéner , c'est transférer à quelqu'un la propriété d'une chose dont on est propriétaire.

Aliéner à titre gratuit, c'est donner ; par exemple , une donation. Aliéner à titre onéreux , c'est transférer la propriété de sa chose en échange d'un équivalent pécuniaire qu'on reçoit en retour , comme, par exemple, la vente.

La femme ne peut pas non plus hypothéquer , c'est-à-dire établir sur un immeuble un droit réel en vertu duquel le créancier qui le reçoit peut, d'une part, se faire payer sur le prix de cet immeuble par préférence aux autres créanciers , et , d'autre part, quand le débiteur l'aliène , le saisir entre les mains du tiers-acquéreur.

La femme qui n'est point autorisée ne peut acquérir à titre onéreux , parce qu'en acquérant à ce titre elle donne quelque chose en retour ; elle ne peut non plus acquérir à titre gratuit , et on en comprend facilement la raison.

Qu'arrivera-t-il si le mari refuse d'autoriser sa femme à ester en jugement ? Si la femme est défenderesse , alors le juge pourra autoriser la femme sans entendre le mari , parce qu'il ne faut

pas laisser en suspens les droits des tiers ; si la femme est demanderesse , alors le tribunal ne peut accorder l'autorisation
qu'après avoir apprécié le refus du mari.

L'autorisation du mari n'est pas nécessaire lorsque la femme
est poursuivie en matière criminelle ou de police.

Si le mari ne veut pas accorder l'autorisation à sa femme de
passer un acte , la femme doit d'abord lui faire sommation de
consentir ; s'il persiste dans son refus , elle adressera alors au
président une requête avec les motifs à l'appui de sa demande en
autorisation. Sur cette requête , le président rend une ordon-
nance par laquelle il permet à la femme de citer son mari à jour
indiqué , en la chambre du conseil, pour avoir à déduire les
motifs de son refus. Le mari entendu , ou faute par lui de se
présenter , le tribunal , sur les conclusions du ministère public,
accorde ou refuse l'autorisation.

Quand la femme est marchande publique, elle peut, sans
l'autorisation de son mari , s'obliger pour ce qui concerne son
négoce. En effet, pour devenir marchande publique , la femme
a dû déjà obtenir l'autorisation de son mari , d'où il suit que de
ce premier consentement découlent nécessairement tous ceux re-
latifs aux actes de commerce. La femme marchande publique
engage aussi son mari, s'il y a communauté entre eux ; il en
est autrement si les époux sont mariés sous le régime dotal ou
avec exclusion de communauté. Il ne faut point considérer
comme marchande publique la femme qui détaille les marchan-
dises du commerce de son mari, il faut qu'elle fasse un commerce
séparé.

Nous avons déjà indiqué un cas où la femme peut obtenir
l'autorisation du juge, il en existe encore trois. Ainsi , lorsque
le mari est frappé d'une condamnation emportant peine afflictive
ou infamante, encore qu'elle n'ait été prononcée que par contu-
mace , la femme même majeure ne pourra , pendant la durée

de la peine, ester en jugement ni contracter qu'après que le juge
lui aura donné cette autorisation. Le juge, dans ce cas, peut
la donner sans avoir entendu ni appelé le mari.

Les deux autres positions dans lesquelles la femme peut obtenir du juge l'autorisation d'ester en justice ou de contracter sont:
quand le mari est interdit ou absent, ou bien quand il est mineur.

L'art. 223 pose en principe que toute autorisation générale,
même stipulée par contrat de mariage, n'est valable que quant
à l'administration des biens de la femme. S'il était permis au
mari de donner une autorisation générale, ce serait le moyen
d'anéantir la puissance maritale, et il est défendu de déroger
par des conventions particulières aux dispositions législatives
qui intéressent l'ordre public. On conçoit facilement l'exception
quant à l'administration des biens de la femme, chaque jour
elle aurait été obligée d'obtenir le consentement de son mari
pour faire un acte d'administration.

La nullité résultant du défaut d'autorisation peut être demandée par la femme parce qu'elle n'a pas été protégée; par le mari,
dont la présence a été méconnue et méprisée ; par leurs héritiers et par leurs créanciers, lorsque l'action est fondée sur un
intérêt pécuniaire.

Il est bien clair que la femme n'a pas besoin de l'autorisation
de son mari pour faire son testament, car le testament doit être
exclusixement l'œuvre de la volonté personnelle du testateur,
il importe alors que la femme qui le fait soit libre de toute influence étrangère, ce qui n'aurait pas lieu si elle était obligée
de demander l'autorisation à son mari, ensuite le testament ne
porte aucune atteinte à l'autorité maritale, puisqu'il ne doit
produire ses effets qu'à l'époque où la puissance maritale n'existe
plus, c'est-à-dire à la mort de la femme.

CHAPITRE VII.

De la dissolution du mariage.

Dans le chapitre VII , le Code énumère trois causes de dissolution du mariage. L'article 227 est ainsi conçu : Le mariage
se dissout, 1° par la mort de l'un des époux ; 2° par le divorce
légalement prononcé ; 3° par la condamnation devenue définitive
de l'un des époux à une peine emportant mort civile. Dans l'état
actuel de notre législation, la seconde cause de dissolution n'existe
plus, le divorce ayant été aboli par la loi du 8 mai 1816. Il en
est de même de la troisième cause de dissolution. Depuis longtemps on demandait l'abolition de la mort civile comme n'étant
plus en harmonie avec les idées actuelles , surtout en ce qui
concernait le mariage, car la mort civile avait pour conséquence
de dissoudre le mariage, et l'épouse qui continuait de vivre avec
son mari, la loi la regardait comme sa concubine ; un tel état
de choses ne pouvait durer plus longtemps. Aussi une loi pro-
mulguée le 31 mai 1854 a-t-elle fait disparaître de notre Code
cette hideuse institution. Il ne reste donc plus maintenant qu'une
seule cause de dissolution du mariage , qui est la mort de l'un
des époux.

CHAPITRE VIII.

Des seconds mariages.

Le législateur, après nous avoir indiqué les causes de dissolution
du mariage , devait tout naturellement être amené à nous par-

ler des seconds mariages, c'est ce qu'il a fait dans l'article 228.
Cet article dit : La femme ne peut contracter un nouveau mariage qu'après dix mois révolus depuis la dissolution du précédent mariage.

Le Code ayant été promulgué sous le calendrier républicain,
dans lequel tous les mois étaient de 30 jours, par dix mois il
faut entendre 300 jours. Notre article ne parle pas du mari de-
venu veuf, il pourra donc se remarier quand bon lui semble,
son droit n'est limité par aucun délai. Il n'en est pas de même
pour la femme. Pourquoi la loi a-t-elle dit que la femme ne
pourrait consentir à une nouvelle union qu'après dix mois depuis
la dissolution du précédent mariage? D'abord, pour éviter la
confusion de part, ensuite on a pensé que ce serait un outrage
à la morale et à la décence publique que de permettre à la femme de se remarier immédiatement après la mort de son mari.
Toutefois, cette défense faite à la veuve de se remarier avant les
dix mois ne constitue qu'un empêchement prohibitif, d'où l'on
doit conclure que le mariage contracté avant l'expiration de dix
mois sera valable.

CODE DE COMMERCE.

DE LA LETTRE DE CHANGE.

Du Paiement.

La lettre de change est un papier destiné à être converti en argent à une époque fixe. Peut-elle être payée avant l'échéance? Il faut décider que non , parce qu'avant cette époque la lettre de change destinée à circuler, à être vendue, tantôt plus , tantôt moins , a pour ainsi dire une valeur flottante , aussi serait-il imprudent d'anticiper son paiement.

Non-seulement on doit payer à l'échéance, mais il est interdit aux juges , d'après l'art. 157 du Cod. de Com. , d'accorder aucun délai pour le paiement d'une lettre de change , la ponctualité en cette matière étant de la plus haute importance.

Mais cependant le législateur a voulu se montrer bienveillant pour le commerce, et il a dit que l'on pourrait payer une lettre de change avant son échéance , mais que dans ce cas celui qui ferait le paiement serait responsable de la validité de son paiement , parce qu'il paie de sa propre volonté.

Qu'arrivera-t-il si on paie à l'échéance? Ne sera-t-on pas aussi responsable? L'art. 145 est ainsi conçu : celui qui paie une lettre de change à son échéance et sans opposition est présumé valablement libéré. L'article nous dit qu'il y a une présomption puis grande de la validité du paiement , mais nous ne savons pas dans quel cas celui qui paie n'est pas responsable, et c'est précisément là la difficulté. Nous pensons que celui qui paie à l'échéance est complètement libéré , lorsqu'il n'a pas une faute personnelle à se reprocher, et il n'a pas à s'inquiéter des fautes des autres. La raison est qu'à l'échéance le tiré paie comme contraint. Il pourrait cependant arriver qu'il soit obligé de payer deux fois. En effet , sur le papier peuvent se trouver des vices matériels; dans ce cas on pourra déclarer que le iré sera responsable du paiement.

Ainsi par exemple , s'il y a des lacunes dans le titre, il est bien facile en examinant ce titre de s'apercevoir de la lacune , et comme c'est le tiré lui-même qui commet la faute, il est juste qu'il soit responsable de la validité du paiement fait au porteur.

Que faudrait-il décider s'il n'y avait pas eu de lacune , mais que le porteur fut incapble de recevoir le paiement? Il peut se faire que le porteur soit mineur ou failli. Le tiré sera-t-il alors responsable? Il semble qu'il faut distinguer. Ainsi le tiré auquel se présente un failli ne peut pas voir si c'est un failli, rien ne lui indique que le porteur soit incapable de recevoir, aussi déciderons-nous que dans ce cas le tiré n'est pas responsable de la validité de son paiement. Il n'en est pas de même pour le mineur, car le plus souvent il est très facile de reconnaître son incapacité. Au reste, là jurisprudence se montre beaucoup plus large pour le paiement des effets de commerce que pour les libérations ordinaires. Ainsi, on peut payer valablement à un mineur qui se présente comme commis d'une maison de commerce.

En général , on doit favoriser la libération du tiré toutes les fois qu'il a pu prouver qu'il avait payé à qui de droit. En France, on exige le pour acquit du porteur , il n'en est pas de même en Allemagne. Je pense alors qu'on pourrait en France, comme en Allemagne, se contenter de la simple signature du porteur. Le tiré doit avoir bien soin de se faire remettre le papier , une quittance ne suffirait pas. Lorsque le paiement est intégral, il ne s'élève aucune difficulté. Mais que devra-t-on faire si le paiement est partiel? Avant de répondre à cette question, demandons-nous si le paiement d'une lettre de change peut être partiel? En principe général nul n'est tenu de recevoir un paiement partiel. Mais en matière de lettre de change il en est bien autrement. La lettre de change servant à satisfaire à des besoins urgents, on ne peut pas admettre que celui à qui l'on propose de faire un paiement partiel puisse refuser une telle proposition. Aussi , malgré toutes les doctrines contraires , la pratique a constamment admis que le porteur de la lettre de change était obligé de recevoir le paiement partiel.

Quand on fait un paiement partiel on ne peut pas comme dans le paiement intégral réclamer le papier, alors on doit noter sur le titre lui-même le paiement partiel qui a été fait. C'est le seul moyen de garantir le tiré et le porteur.

Dans le moyen-âge , les princes altérait considérablement les monnaies , aussi pour se mettre à l'abri de cette altération avait-on l'habitude de stipuler que l'on ferait le paiement en tels écus pesant tant d'onces. Je pense qu'il doit en être de de même maintenant, car l'art. 143 porte ; Une letttre de change doit être payée dans les monnaies qu'elle indique, Le Conseil-d'Etat fut appelé le 12 décembre 1805 à examiner la question de savoir si une lettre de change pourrait être payée autrement que du consentement du porteur , et il fut décidé que la ré-

ponse à cette question ne pouvait souffrir aucune difficulté,
que le porteur d'une lettre de change avait droit d'exiger son
paiement en numéraire, que les billets de banque établis pour
la commodité du commerce, n'étaient que de simple confiance.
Je pense qu'on pourrait même stipuler que la lettre de change
sera payée en écus de cinq francs et non en pièces d'or. Il a
été soutenu que cette stipulation ne serait pas bonne parce
qu'elle pourrait contrarier le gouvernement. Je ne vois là rien
qui puisse mettre une entrave quelconque à l'action gouverne-
mentale, le gouvernement ne pourrait pas nous dicter une
obligation. Je déciderai donc que la stipulation serait valable.

Il est vrai que dans un moment de crise, comme par exemple
en 1848 le gouvernement provisoire, par un décret en date du
15 mars 1848, avait dit que les billets de banque devaient être
reçus comme monnaie légale par les caisses publiques et par
les particuliers. Le gouvernement avait alors raison, mais
maintenant que la crise n'existe plus, on doit revenir au
système ordinaire et se conformer à l'article 145 du Code de
commerce qui dit : que la lettre de change doit être payée dans
la monnaie qu'elle indique.

DROIT ADMINISTRATIF.

De la juridiction administrative , gracieuse et contentieuse en matière d'alignements.

La juridiction vient vivifier la compétence administrative. La compétence seule ne servirait de rien , puisqu'on ne connaîtrait pas le tribunal administratif devant lequel on doit produire sa demande.

Plusieurs auteurs ont dit que la juridiction administrative n'existait pas. Pour moi je pense que son existence ne peut être en elle-même l'objet d'aucun doute. Il est vrai qu'en matière gracieuse il n'existe pas de tribunal et qu'alors le mot juridiction est improprement appliqué , mais comme le langage administratif ne fournit aucune autre expression pour désigner le mode d'action de l'administration active au premier chef , on est bien forcé d'employer ce mot , juridiction.

Il n'en est pas de même pour la juridiction contentieuse , car les décisions rendues en matière contentieuses constituent de véritables jugements , alors l'autorité administrative au second chef exerce une véritable juridiction.

Examinons quels sont les agents administratifs qui exercent

la juridiction gracieuse. Ce sont les préfets, les conseils de préfecture, les ministres, et l'Empereur seul ou en Conseil-d'Etat.

La juridiction contentieuse, au contraire, appartient à des tribunaux qni décident. Cette juridiction n'est point une juridiction exceptionnelle, car elle connait non-seulement des matières dont une loi lui a fait dévolution, mais encore des matières dont les principes qui servent à déterminer le contentieux administratif et ceux qui règlent la séparation des pouvoirs lui attribuent la connaissance.

. Je ne reconnais qu'un seul tribunal ordinaire qui est le ministre, tous les autres tribunaux, les conseils de préfecture, les préfets, les commissions, etc., etc., sont des tribunaux d'exception. Ils sont ainsi appelés parce qu'ils ont juridiction non par la force d'un prineipe, mais par suite d'une disposition écrite dans une loi.

Quant aux degrés de juridiction, on doit comme dans les matières contentieuses judiciaires, admettre aussi dans les matières administratives contentieuses deux degrés. Au premier degré se trouveront les ministres, les préfets, les conseils de préfecture, au second degré le Conseil-d'Etat,

Nous avons à nous occuper de la juridiction administrative gracieuse et contentieuse en matière d'alignements. Nous commencerons par la juridiction gracieuse.

Juridiction gracieuse.

Avant le décret de décentralisation du 25 mars 1852, c'était le chef du pouvoir exécutif qui approuvait les plans d'alignement pour la grande et la petite voirie. Les plans généraux d'alignement ont pour objet de forcer les citoyens à abandonner une partie de leurs propriétés ou de leur imposer l'obligation d'avancer sur la voie publique. Ils touchent bien à des droits, mais on conçoit facilement qu'une fois ces plans approuvés, ils ne pouvaient pas à chaque instant être changés ou modifiés sur les réclamations des citoyens, et puis il est impossible qu'avant l'approbation on puisse appeler individuellement tous les intéressés. Ce droit d'approbation était, comme je l'ai déjà dit, dévolu au chef du pouvoir exécutif, le décret de décentralisation est venu apporter une grande modification en disant dans son tableau A, n° 50, que les préfets statueraient seuls sur les plans d'alignements. Pour faire ressortir l'importance de ce changement, je ne puis faire mieux que de citer les paroles de monsieur le ministre. Dans sa circulaire au sujet du décret de décentralisation en ce qui concerne les alignements, le ministre s'exprimait ainsi :

« Cette attribution, monsieur le préfet, vous impose, en matière de voirie urbaine, de nouvelles et sérieuses obligations. C'est à vous désormais qu'il appartient d'arrêter les plans d'alignement des villes ou communes, quel que soit le chiffre de leur population. Mais aucune modification n'est apportée à l'instruction relative à la rédaction de ces plans, le mode seul d'homologation est changé. La mission que vous avez à remplir est délicate et souvent difficile. Les intérêts de la viabilité et de la salubrité sont fréquemment en opposition avec les intérêts apparents, plutôt que réels, des propriétaires riverains de la voie publique. Vous devez, tout en sauvegardant les intérêts généraux, dont la défense vous est confiée, apporter dans l'exercice de votre pouvoir tous les ménagements que réclament les droits de la propriété. A cet effet, je ne saurais trop vous recommander de veiller avec attention à ce que les règles prescrites par la loi soient scrupuleusement observées. C'est souvent un moyen efficace de repousser les réclamations que de leur opposer le respect des formes établies, car dans un grand nombre de cas la forme est protectrice du fond. »

De la juridiction contentieuse.

Passons maintenant à la juridiction contentieuse. En matière d'alignement , le ministre est le tribunal devant lequel on doit porter toutes les contestations. Ainsi , si on a des réclamations à faire contre les alignements sur les grandes routes, les rues des villes , bourgs et villages qui servent de grandes routes , et généralement sur toutes les voies publiques qui forment une dépendance de la grande voirie, alignements qui sont donnés par le préfet , si, dis-je on a des réclamations à faire , on devra s'adresser au ministre qui statuera.

Cependant si le plan général d'alignement existe et est régulièrement approuvé , on ne pourra se pourvoir devant le ministre , par la voie contentieuse, qu'autant que l'alignement partiel donné par le préfet ne serait pas conforme au plan général approuvé.

La voirie se divise en grande et petite voirie. C'est le maire qui donne les alignements en matière de petite voirie , sur les places et dans les rues des villes, bourgs et villages qui ne servent pas de grandes routes. Si le maire était absent, un adjoint pourrait donner l'alignement.

A qui devra-t-on demander l'alignement, si on a à bâtir sur deux voies publiques , dont l'une appartient à la grande et l'autre à la petite voirie ? Il faut décider qu'on doit demander l'alignement au maire pour la partie des constructions dépendant de la petite voirie , et au préfet pour celle qui dépend de la grande voirie , et non pas seulement au préfet.

Les conseils de préfecture ne peuvent en aucun cas connaître des réclamations relatives aux alignements donnés par les maires, parce que ce sont des tribunaux exceptionnels qui ne peuvent juger que des matières que la loi leur attribue. Mais si les conseils de préfecture ne sont pas compétents pour connaître des réclamations relatives aux alignements, ils le seront en matière de contraventions. Ainsi, le conseil de préfecture sera appelé à réformer les infractions résultant de constructions faites sans alignements préalables, ou qui ne sont pas conformes à l'alignement donné. Si on fait dans l'intérieur d'un édifice des travaux qui réconfortent le mur de face, le conseil de préfecture devra réprimer cette contravention, alors même que les travaux qui ont été faits ne sont pas confortatifs. Pour que le conseil de préfecture soit compétent, il faut que ces contraventions aient été commises sur les grandes routes et autres dépendances de la grande voirie. Les rues et places de Paris sont soumises au régime de la grande voirie en vertu de l'édit de mars 1693, des déclarations du 16 juin 1693, et 10 avril 1783. Le conseil de préfecture de la Seine sera alors compétent pour réprimer toutes les contraventions commises dans la ville de Paris.

Pour les alignements des chemins vicinaux, on doit s'adresser au maire pour l'obtenir, et s'il vient à naître quelques contestation, on devra la faire juger par le ministre.

Quant aux chemins vicinaux de grande communication, ils sont placés sous l'autorité des préfets et c'est à eux que l'on devra s'adresser pour obtenir l'alignement. Les rues des villes, bourgs et villages qui font suite aux chemins vicinaux doivent être considérées comme faisant partie de ces chemins. L'alignement devra être demandé au maire s'il s'agit de chemin vicinal ordinaire, et au préfet s'il s'agit d'un chemin de grande communication. Comme nous l'avons déjà vu, il y a une exception pour les rues de Paris, qui sont considérées comme appartenant à la grande voirie ; ce sera alors au préfet de la Seine et non au préfet de police que l'on devra demander l'alignement. S'il vient à s'élever des réclamations contre les alignements dont je viens de parler, il faudra toujours s'adresser au ministre qui est seul compétent, comme nous l'avons dit en commençant, à traiter cette matière si importante de la juridiction contentieuse.

Cette Thèse sera soutenue, dans une des salles de la Faculté, le 2 août 1855.

Vu par le président de la Thèse,

DUFOUR.

Imprimerie de BELLEGARRIGUE, rue des Filatiers, 40.